Le vrai professeur

2ème Partie, Unité 2

Barbara Scanes

PUBLICATIONS

Le professeur entre dans la salle de classe.

Le professeur demande à Luc.

Luc s'assied.

Luc dit : « Pardon monsieur. »

Le cours commence. Le professeur dit :
« Ouvrez les cahiers. »

Le professeur dit : « Écrivez – Luc n'est pas le professeur. »

Vocabulaire

le vrai	the real
le professeur entre	the teacher enters
silence !	silence!/be quiet!
le professeur demande à Luc	the teacher asks Luc
assieds-toi	sit down (singular/informal)
Luc s'assied	Luc sits
excusez-moi	excuse me/I'm sorry (plural/ formal)
tu n'aime pas l'école ?	don't you like school?
reste ici	stay here (singular/informal)
après le cours	after the lesson
mes élèves	my pupils
le cours commence	the lesson's starting
les cahiers	the exercise books
prenez un stylo	get a pen (plural/formal)
le professeur s'appelle ...	the teacher is called...
écrivez	write (plural/formal)
écris	write (singular/informal)
cent fois	100 times
deux cents fois	200 times
en plus	in addition